AF619037

Este libro pertenece a

____

LITTLE LEARNER

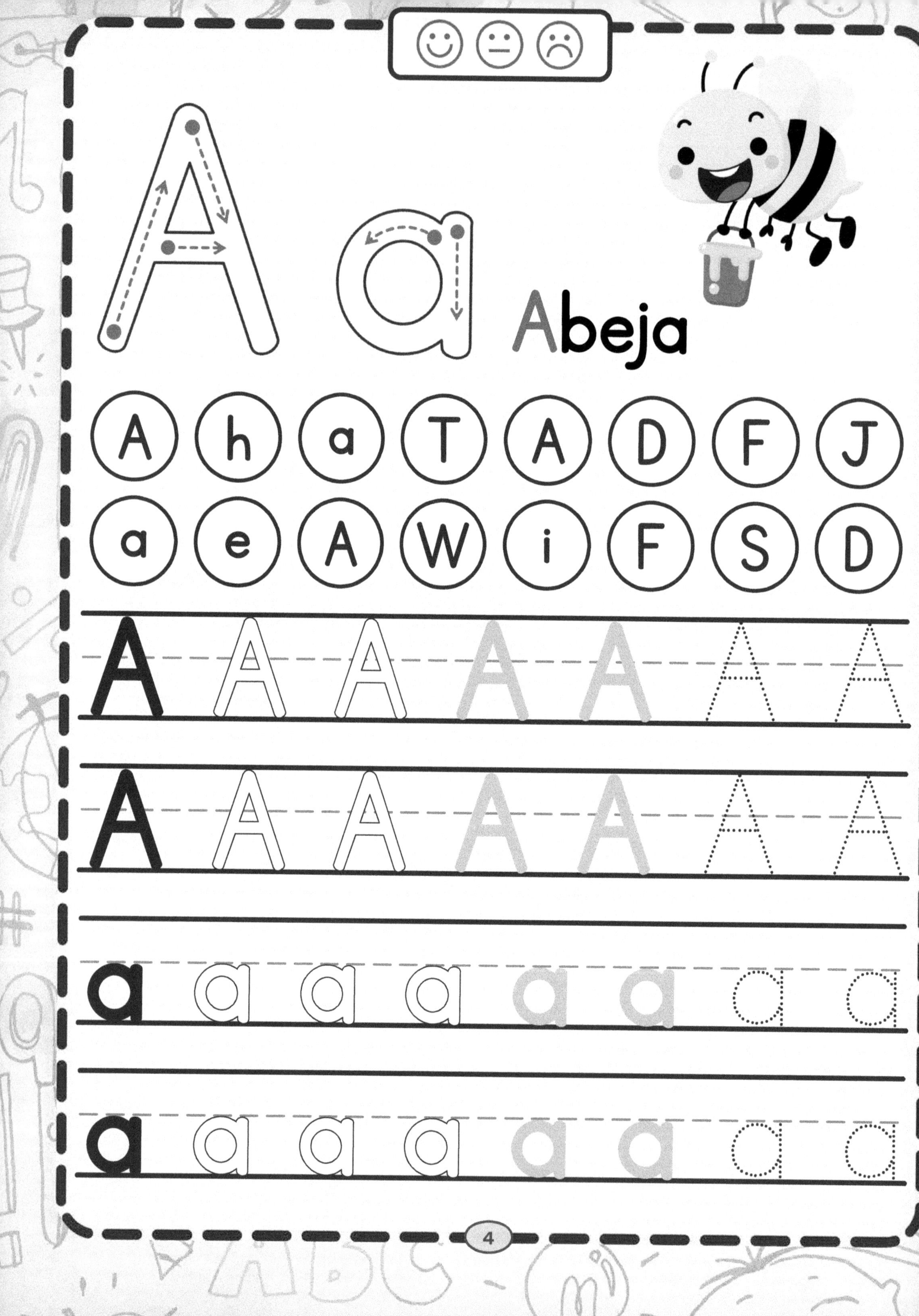
A a
Abeja
A h a T A D F J
a e A W i F S D
A A A A A A A
A A A A A A A
a a a a a a a a
a a a a a a a a

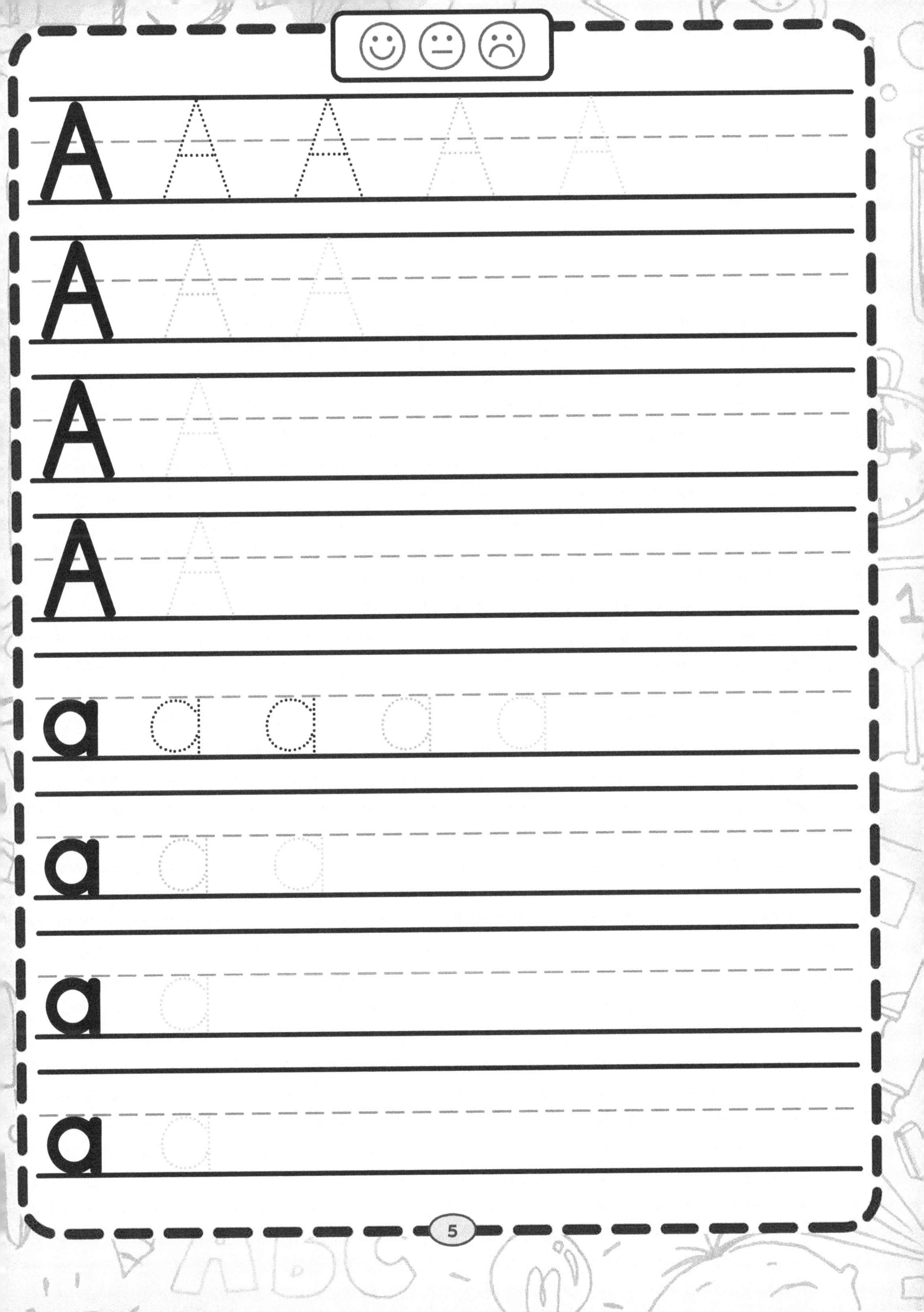
A
A
A
A
a
a
a
a

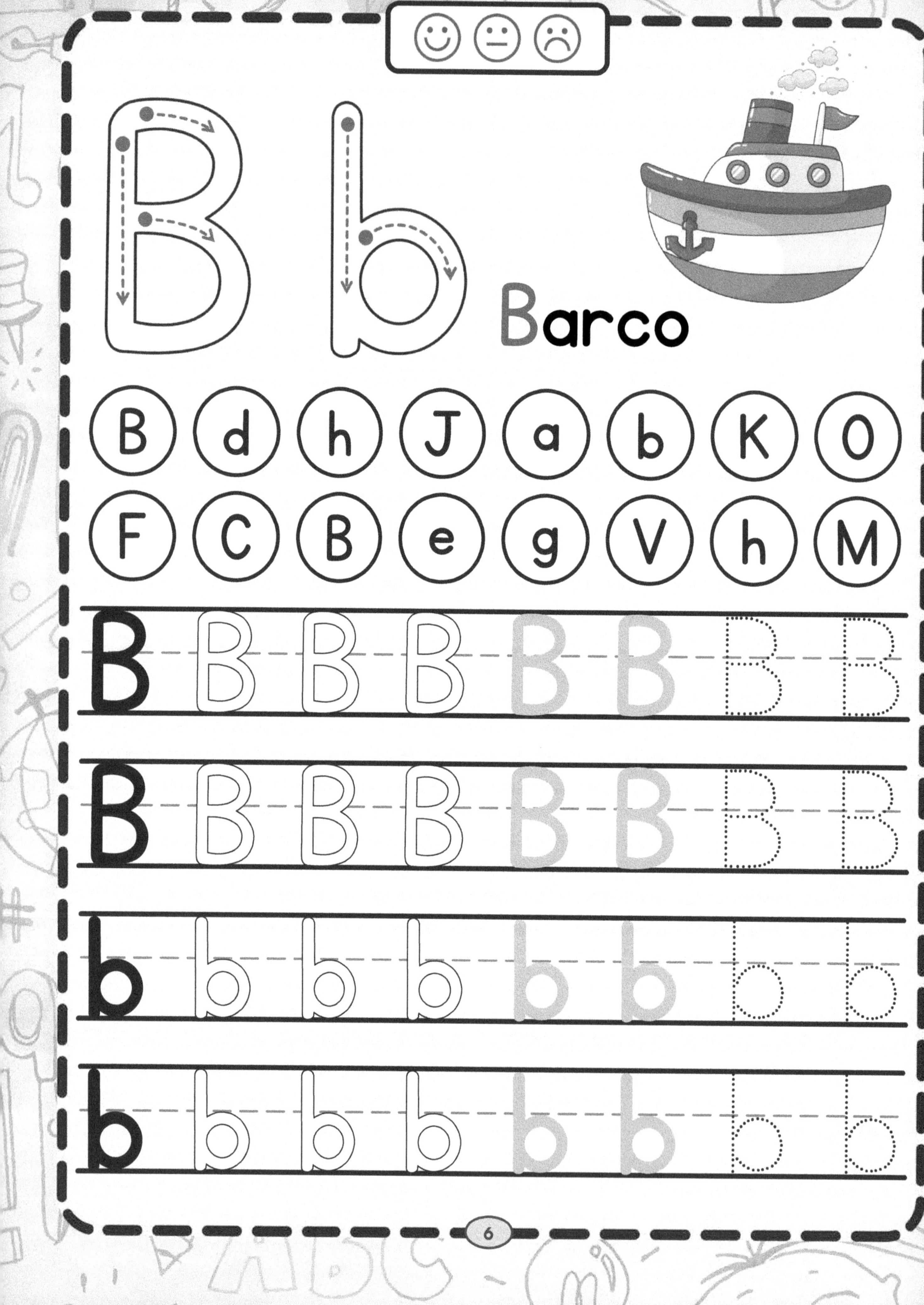

B b
Barco
B d h J a b K O
F C B e g V h M
B B B B B B B B
B B B B B B B B
b b b b b b b b
b b b b b b b b
6

B
B
B
B
b
b
b
b

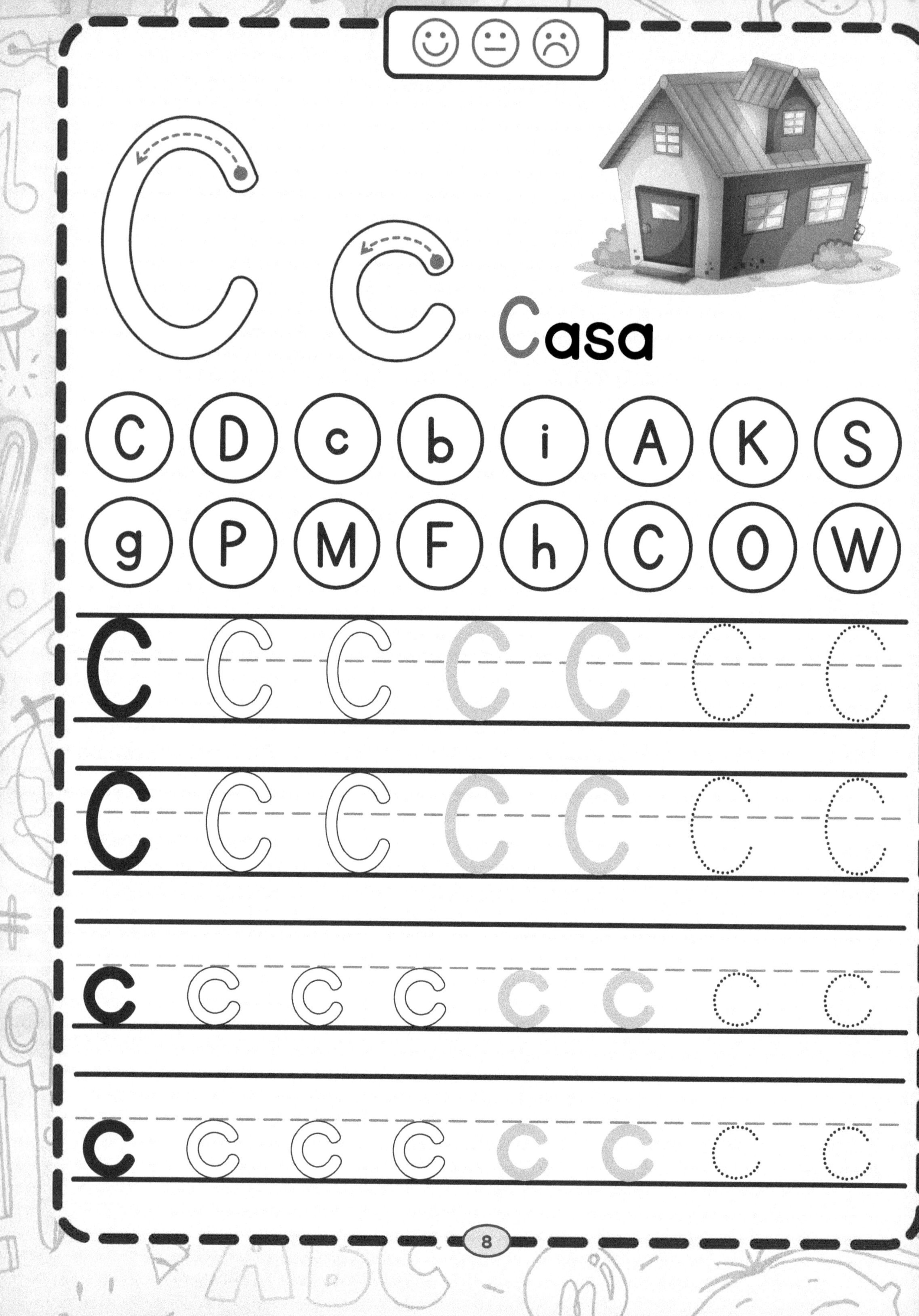
C c
Casa
C D c b i A K S
g P M F h C O W
C C C C C C C
C C C C C C C
c c c c c c c c
c c c c c c c c

C
C
C
C
c
c
c
c

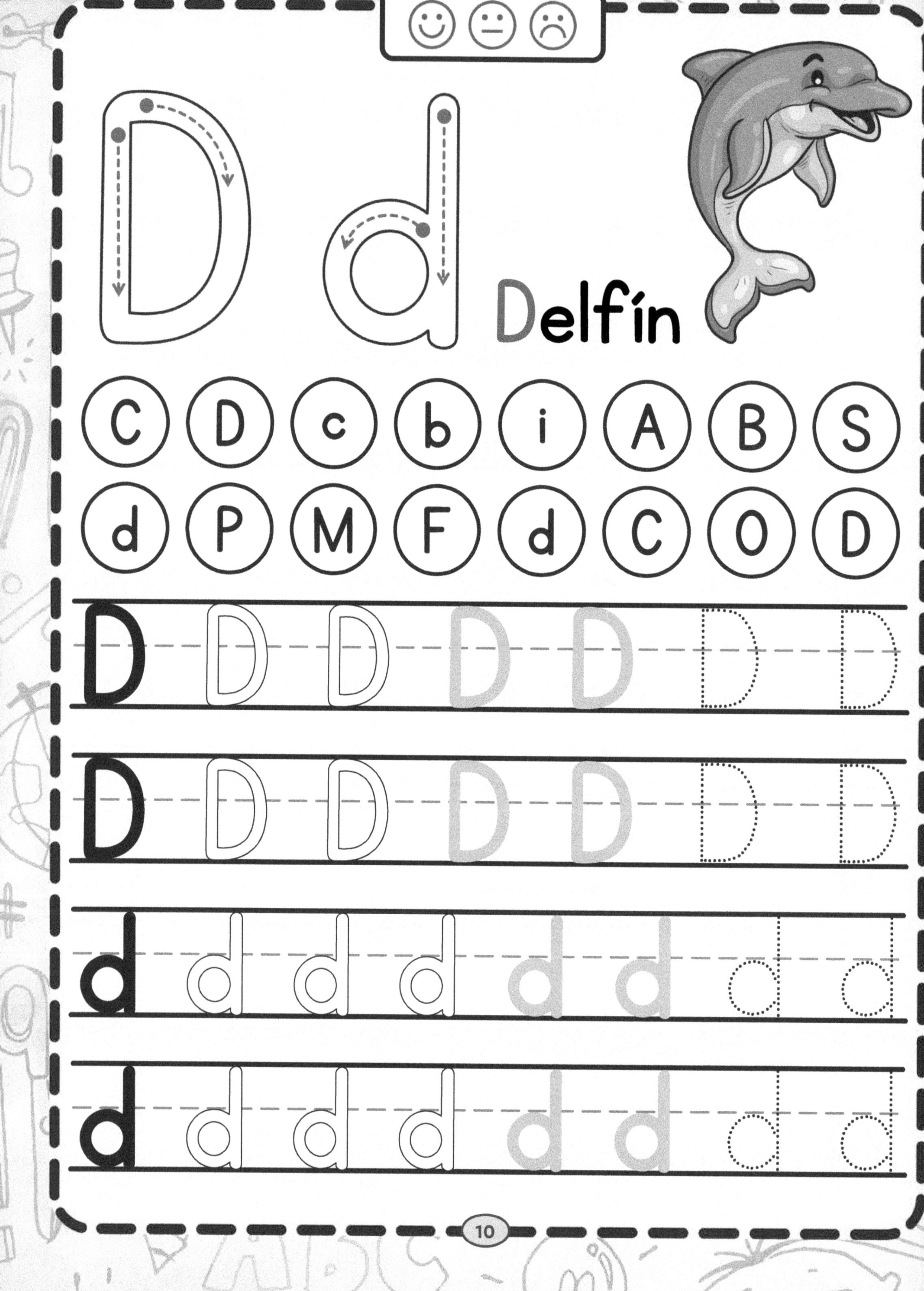
D d
Delfín
C D c b i A B S
d P M F d C O D
D D D D D D D
D D D D D D D
d d d d d d d d
d d d d d d d d

E e
Elephante
E D e b e A B S
d T M R d C O E
E E E E E
E E E E E
e e e e e e
e e e e e e

E
E
E
E
e
e
e
e

F f
Foca
E D f b e F B F
d F M R f C O E

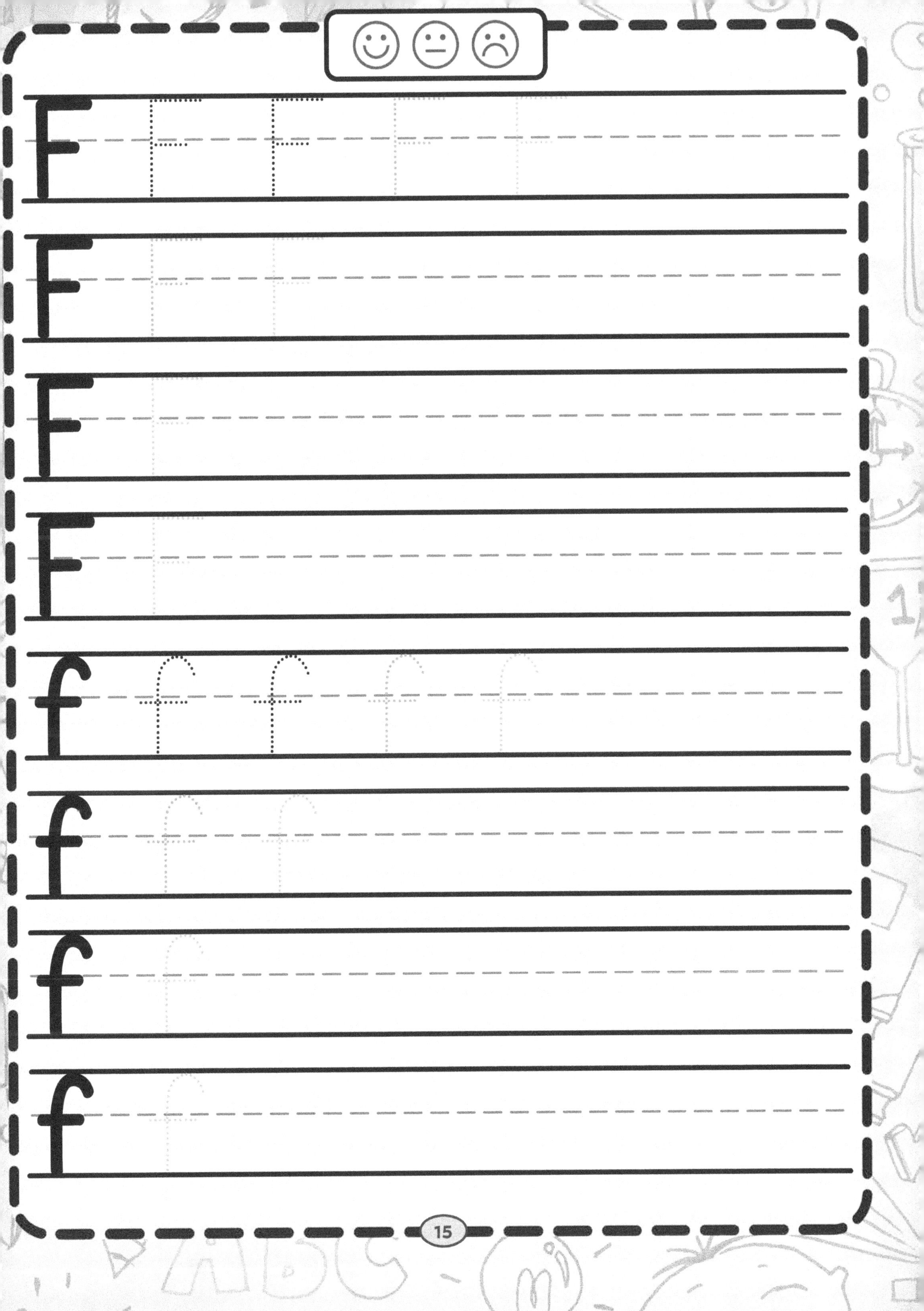
F
F
F
F
f
f
f
f

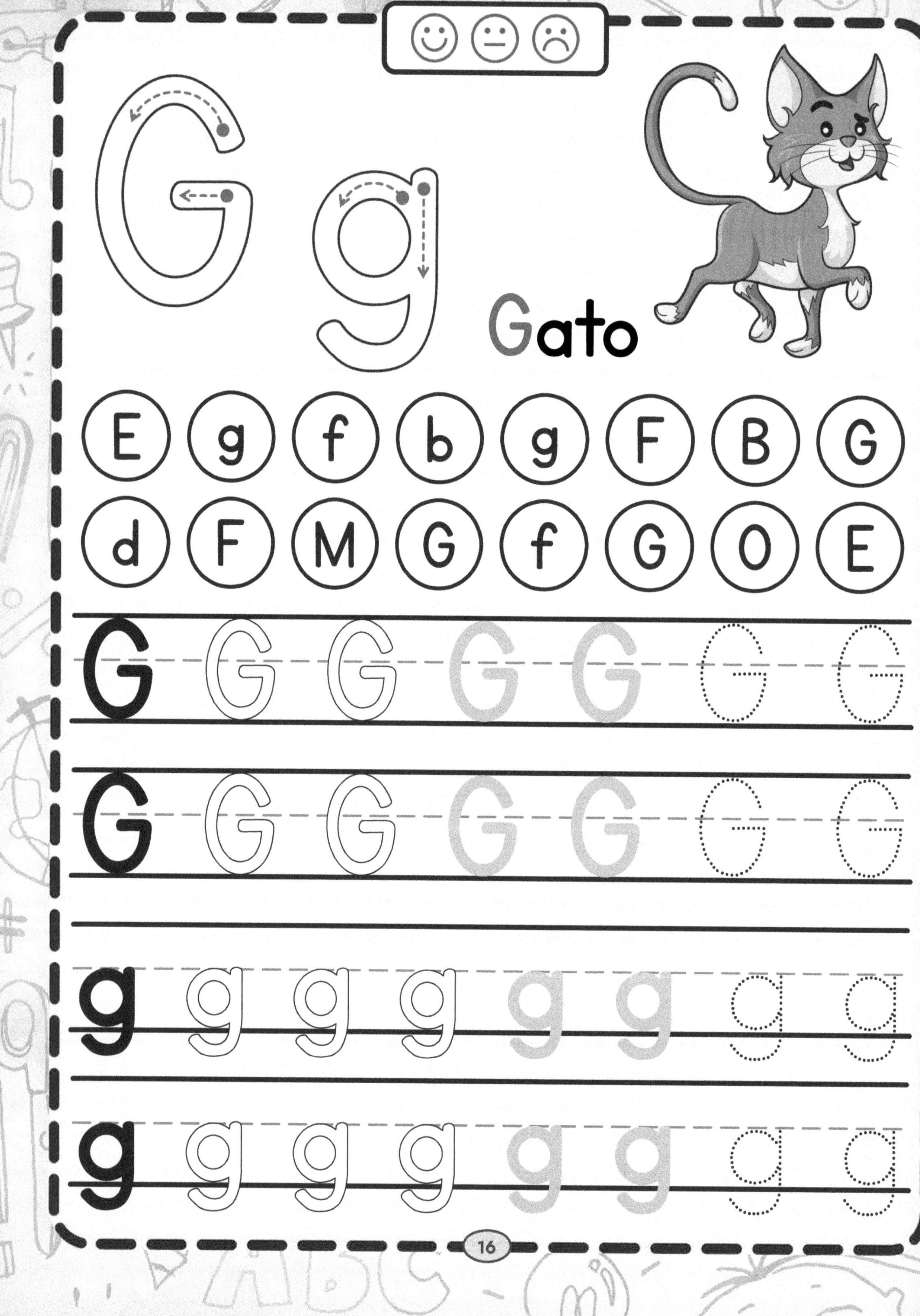

G g
Gato
E g f b g F B G
d F M G f G O E
G G G G G G G
G G G G G G G
g g g g g g g g
g g g g g g g g

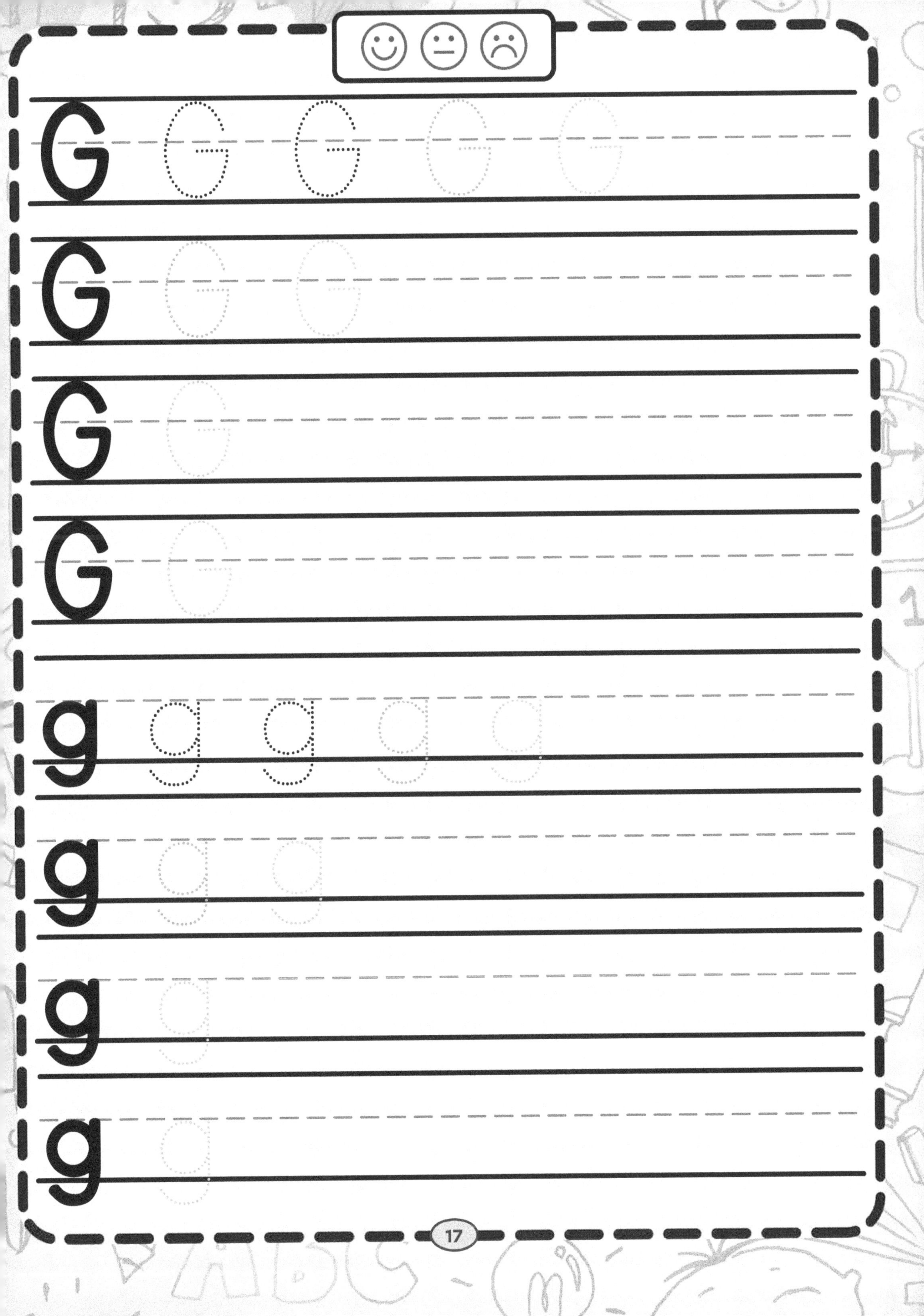
G
G
G
G
g
g
g
g

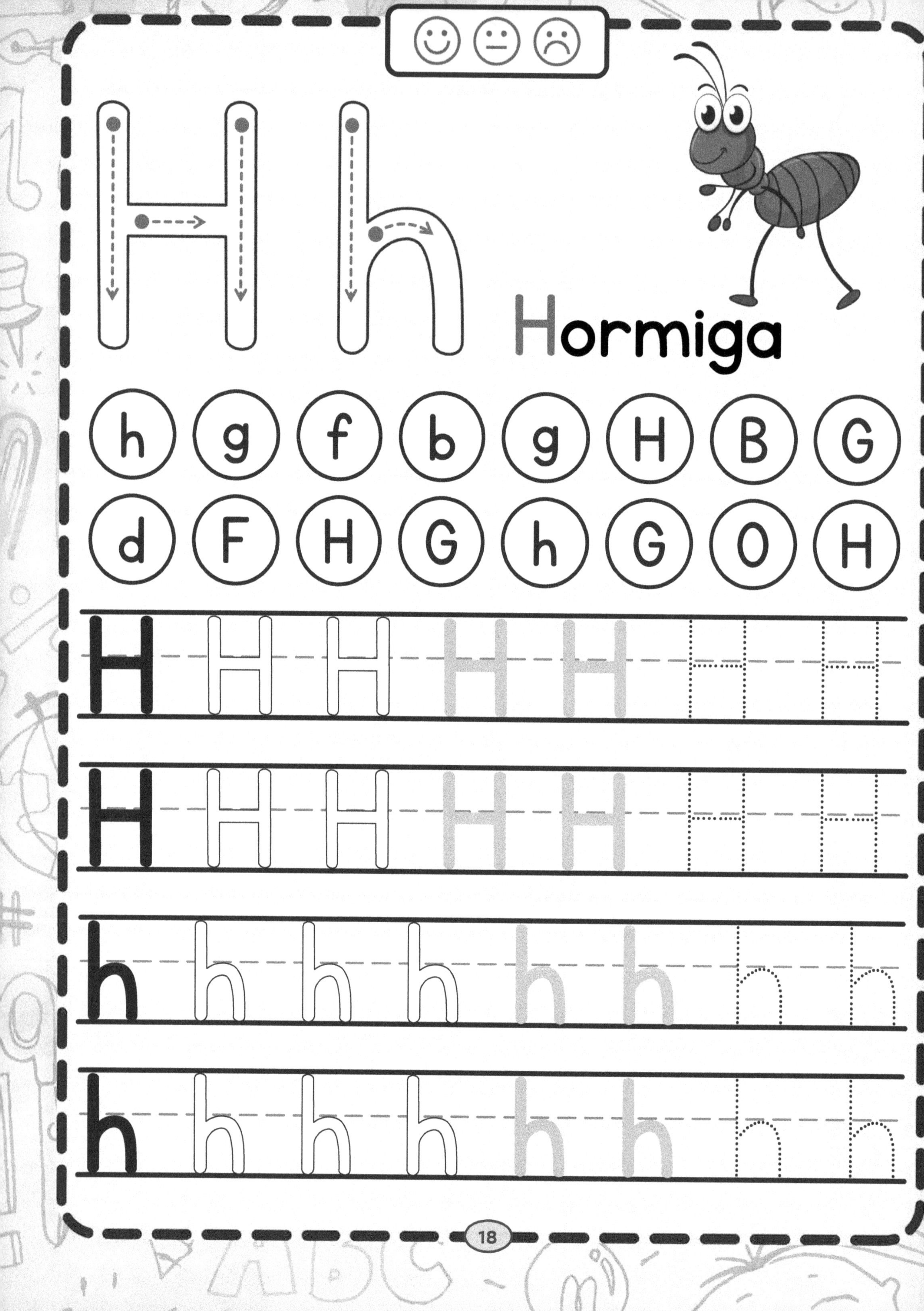
H h
Hormiga
h g f b g H B G
d F H G h G O H
H H H H H H H
H H H H H H H
h h h h h h h h
h h h h h h h h

H
H
H
H
h
h
h
h

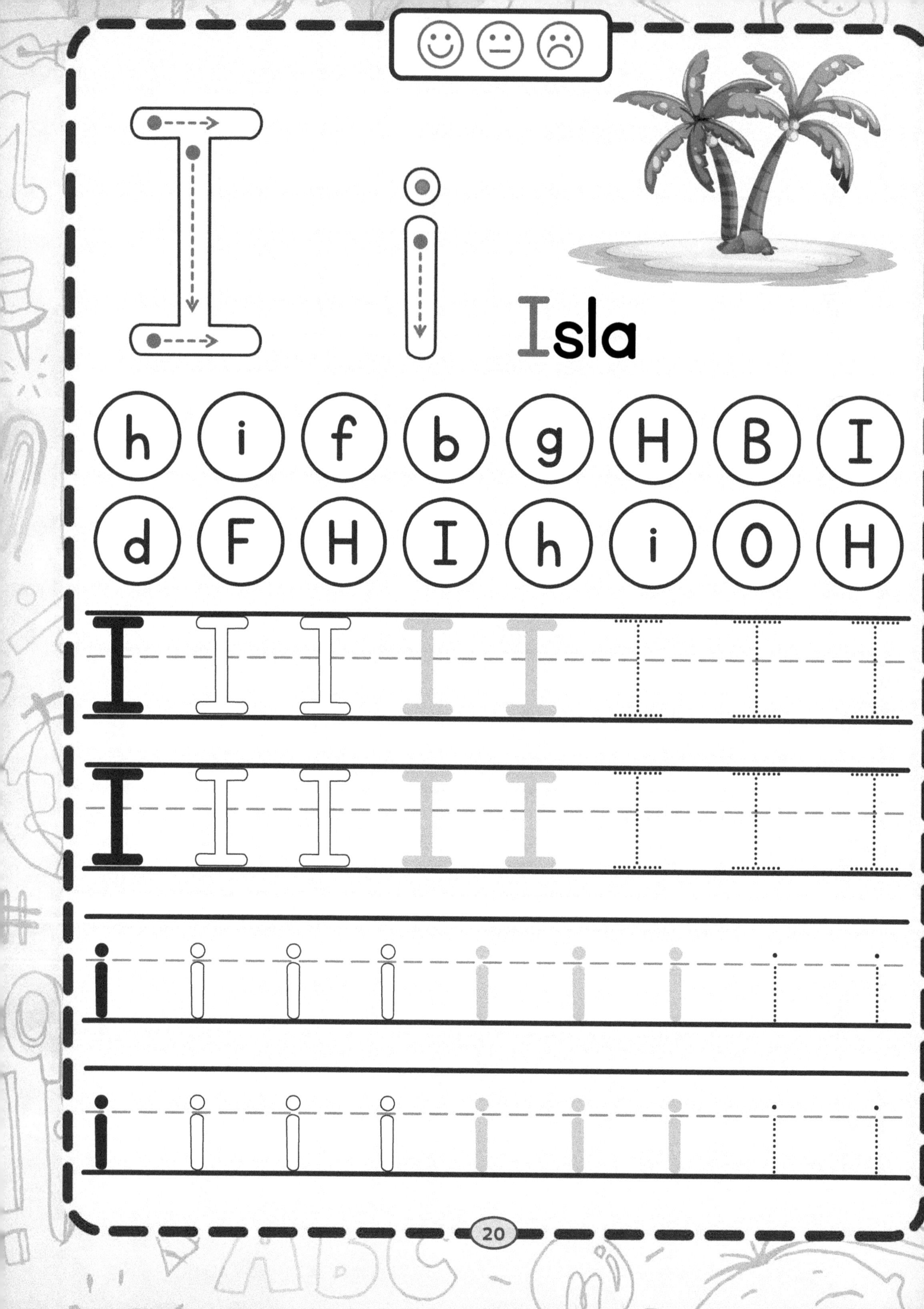
I i
Isla
h i f b g H B I
d F H I h i O H

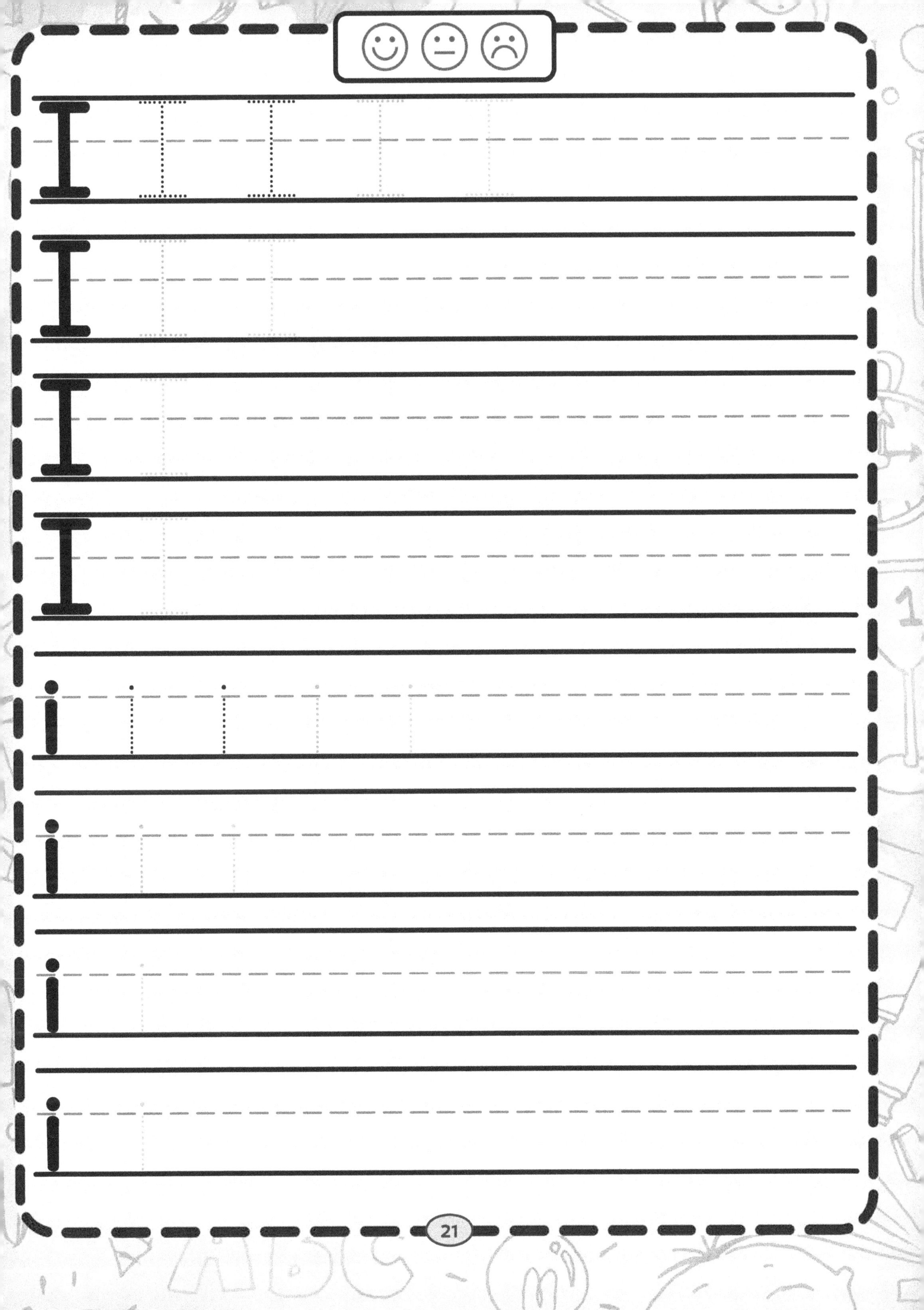

J j
Jirafa
j i f b g J B I
d J H I j i O J

J J J J J
J J J
J J
J J
j j j j j
j j j
j j
j j

K k
Koala
k g f K g H B K
d F K G k G O H
K K K K K K K
K K K K K K K
k k k k k k k k
k k k k k k k k

K
K
K
K
k
k
k
k

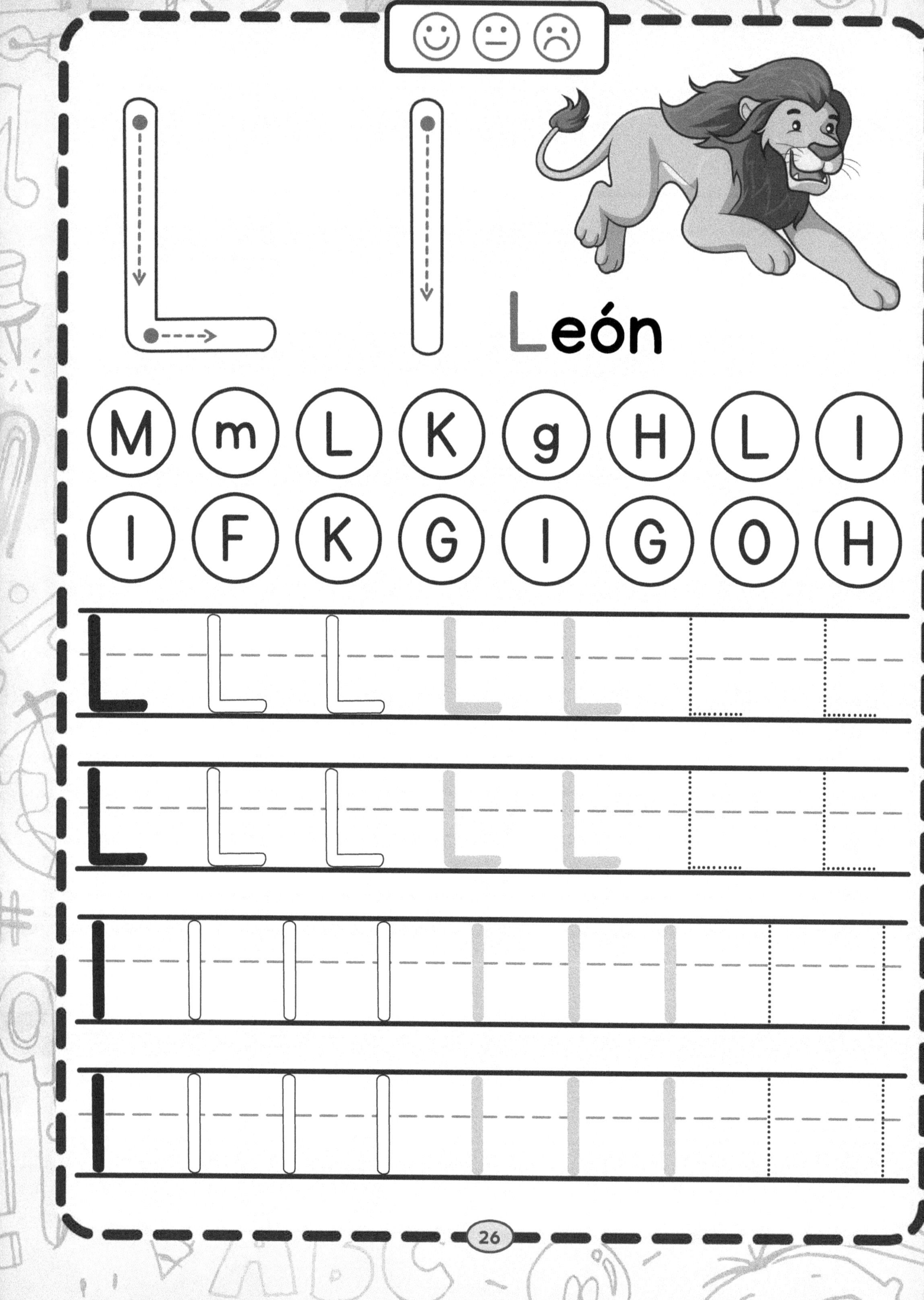
L l
León
M m L K g H L l
I F K G l G O H

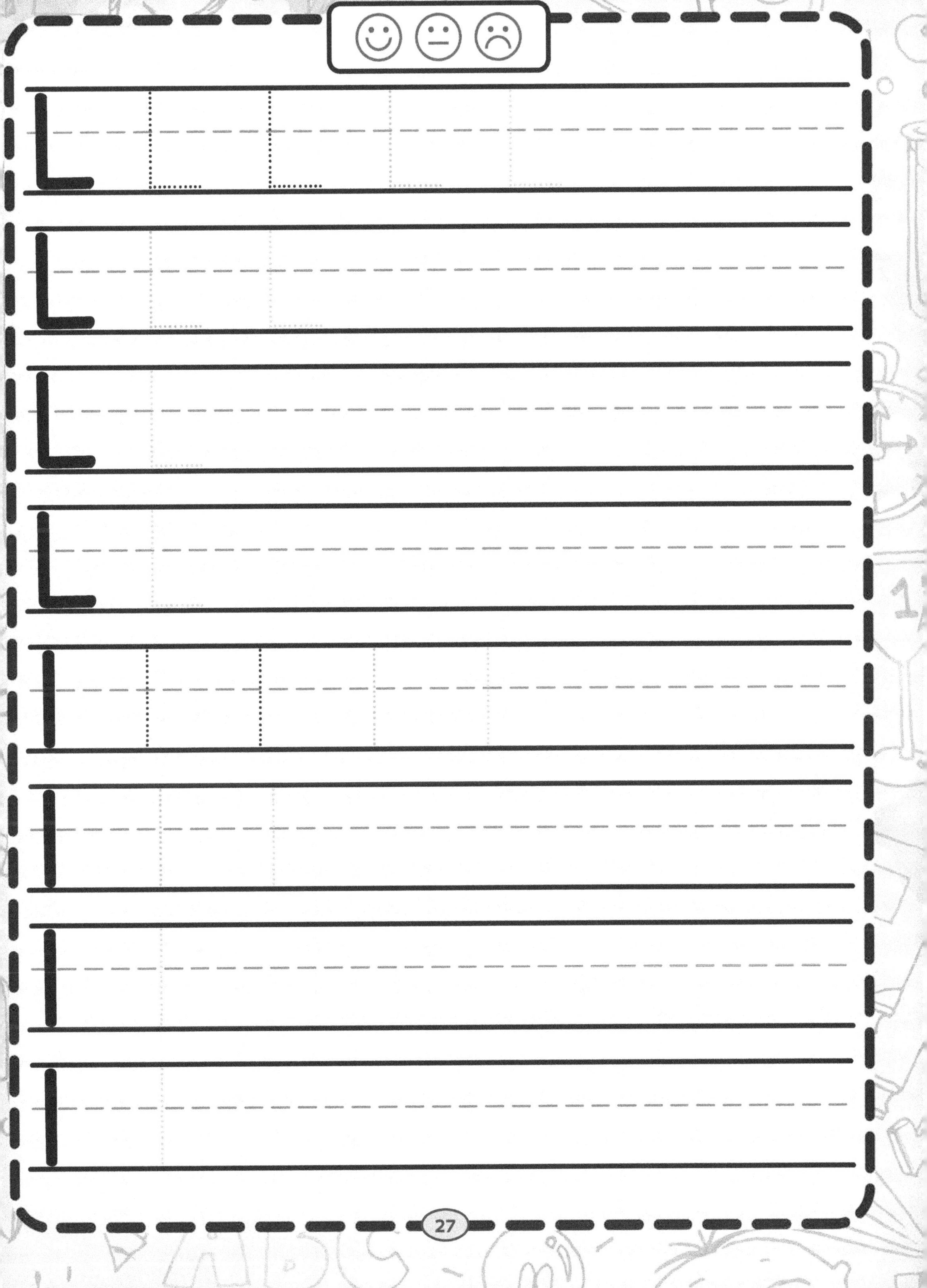

Mm
Mariposa
k m f K g H M K
m F K M k G m H
M M M M M M M
M M M M M M M
m m m m m m m
m m m m m m m

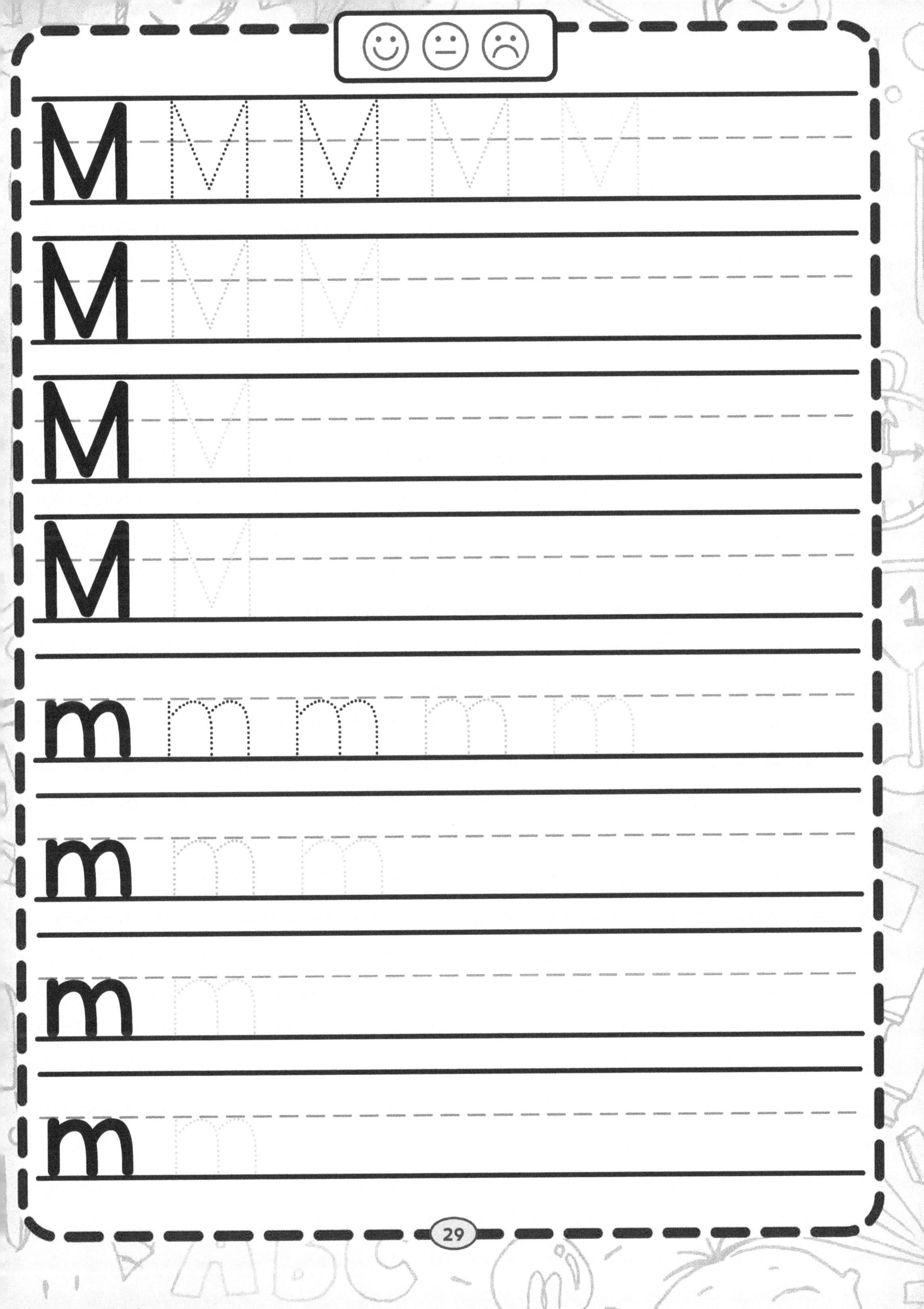
M
M
M
M
m
m
m
m

N n
Nido
k n f K g H B N
d F K N k n O H
N N N N N N N
N N N N N N N
n n n n n n n n
n n n n n n n n

N
N
N
N
n
n
n
n

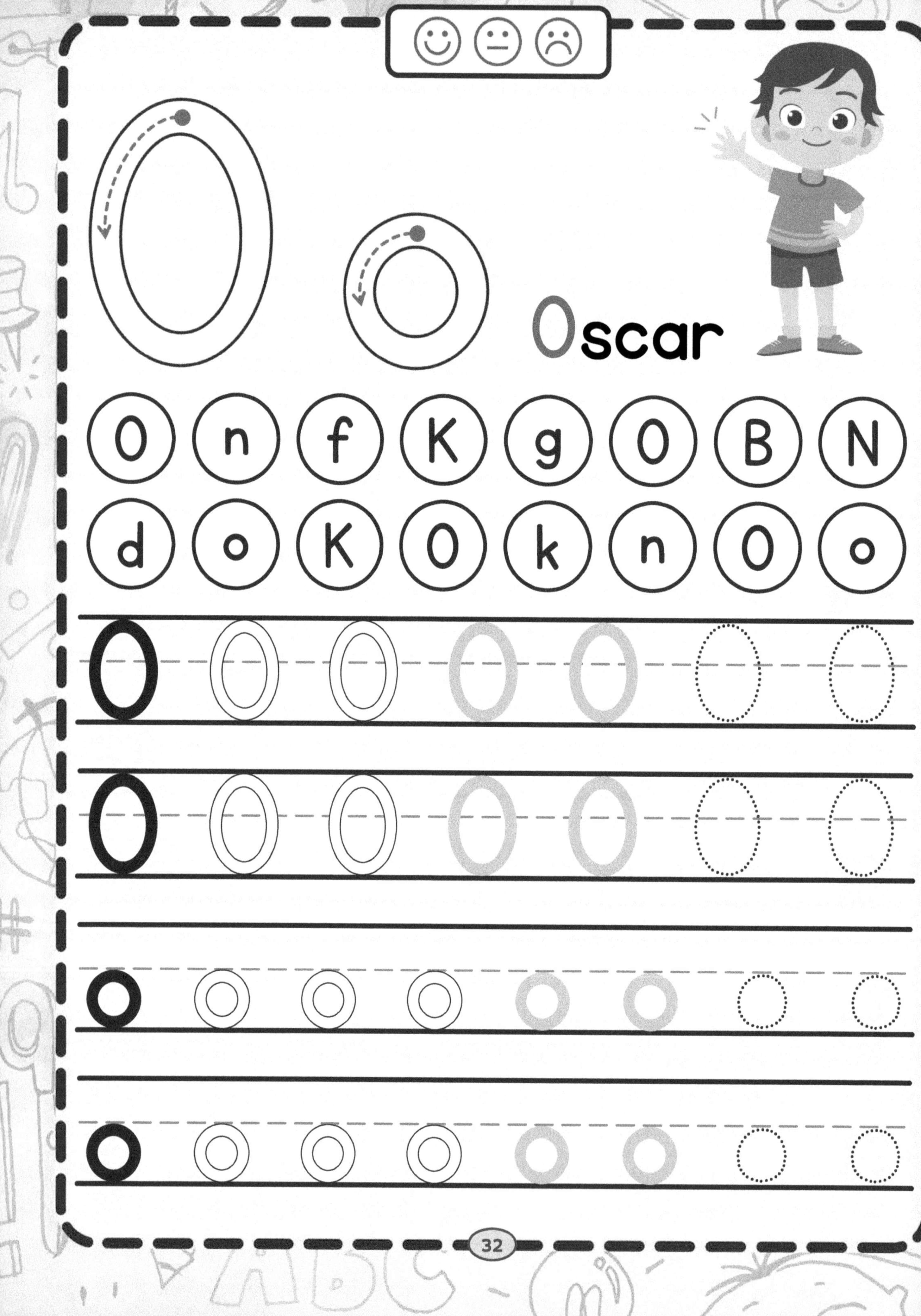
Oscar
O n f K g O B N
d o K O k n O o

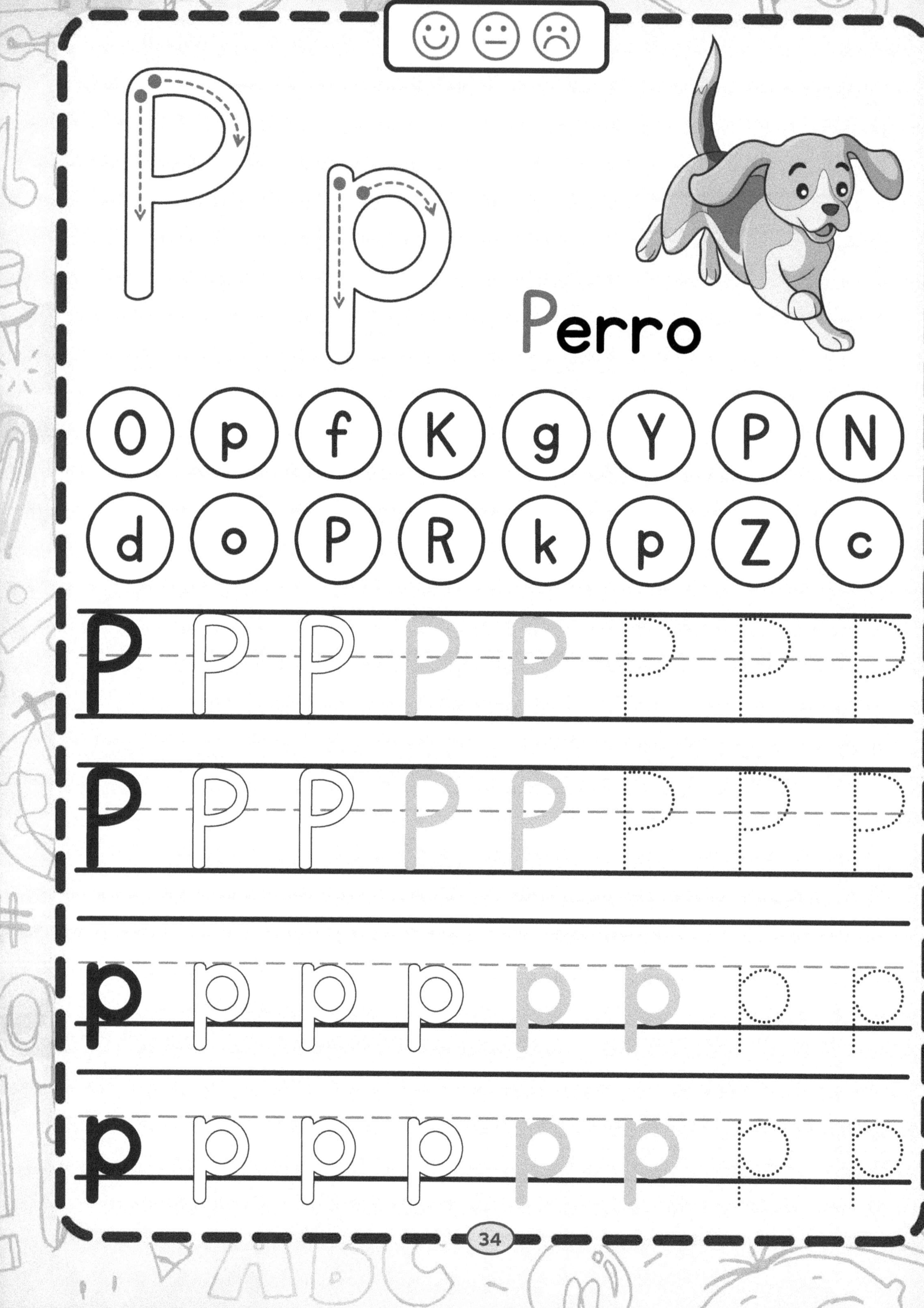
P p
Perro
O p f K g Y P N
d o P R k p Z c
P P P P P P P P
P P P P P P P P
p p p p p p p p
p p p p p p p p

P
P
P
P
p
p
p
p

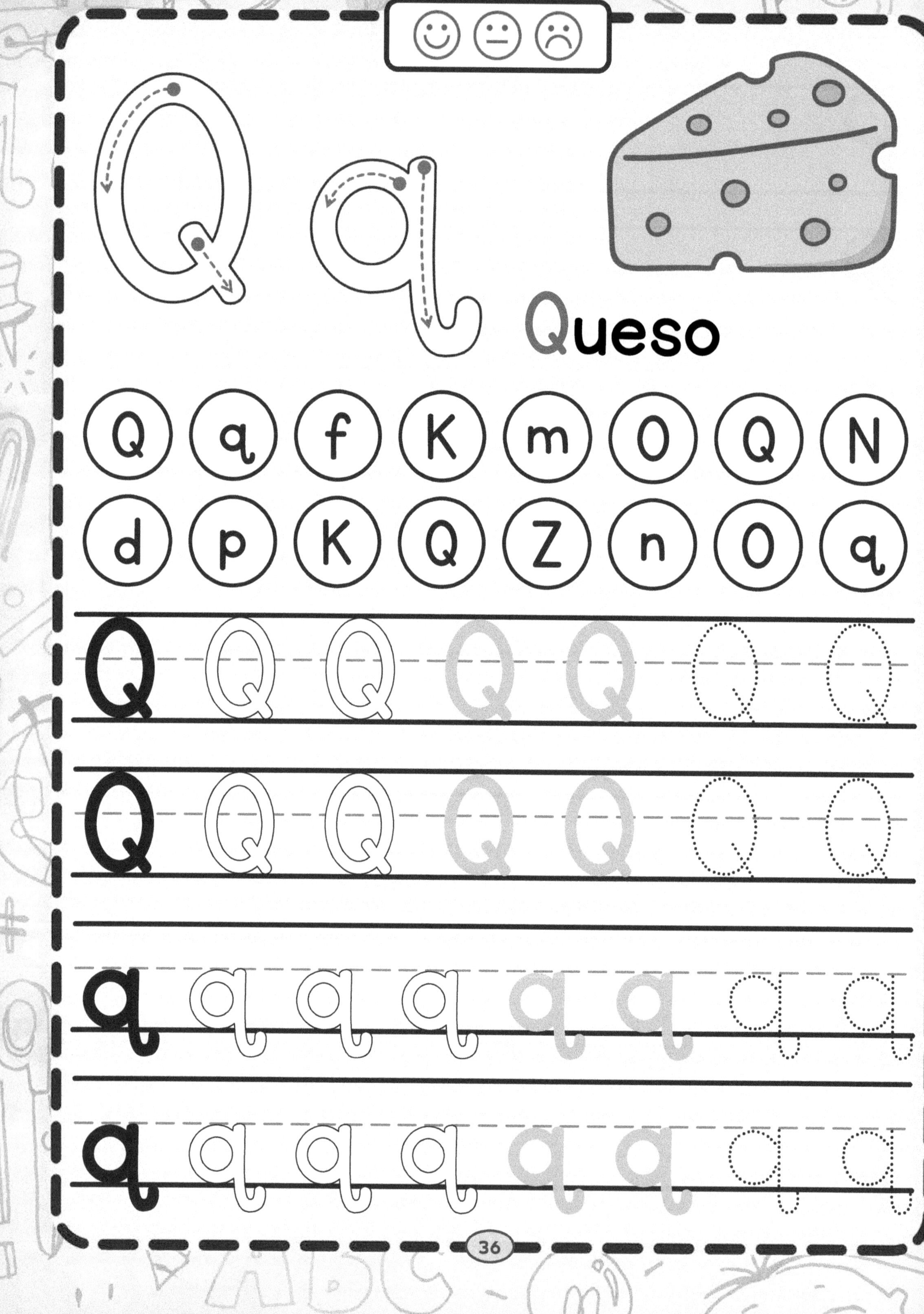
Q q
Queso
Q q f K m O Q N
d p K Q Z n O q
Q Q Q Q Q Q Q
Q Q Q Q Q Q Q
q q q q q q q q
q q q q q q q q

R r
Ratón
Q v R K m O Q R
d r K Q Z r O l
R R R R R R R
R R R R R R R
r r r r r r r r r
r r r r r r r r r

R
R
R
R
r
r
r
r

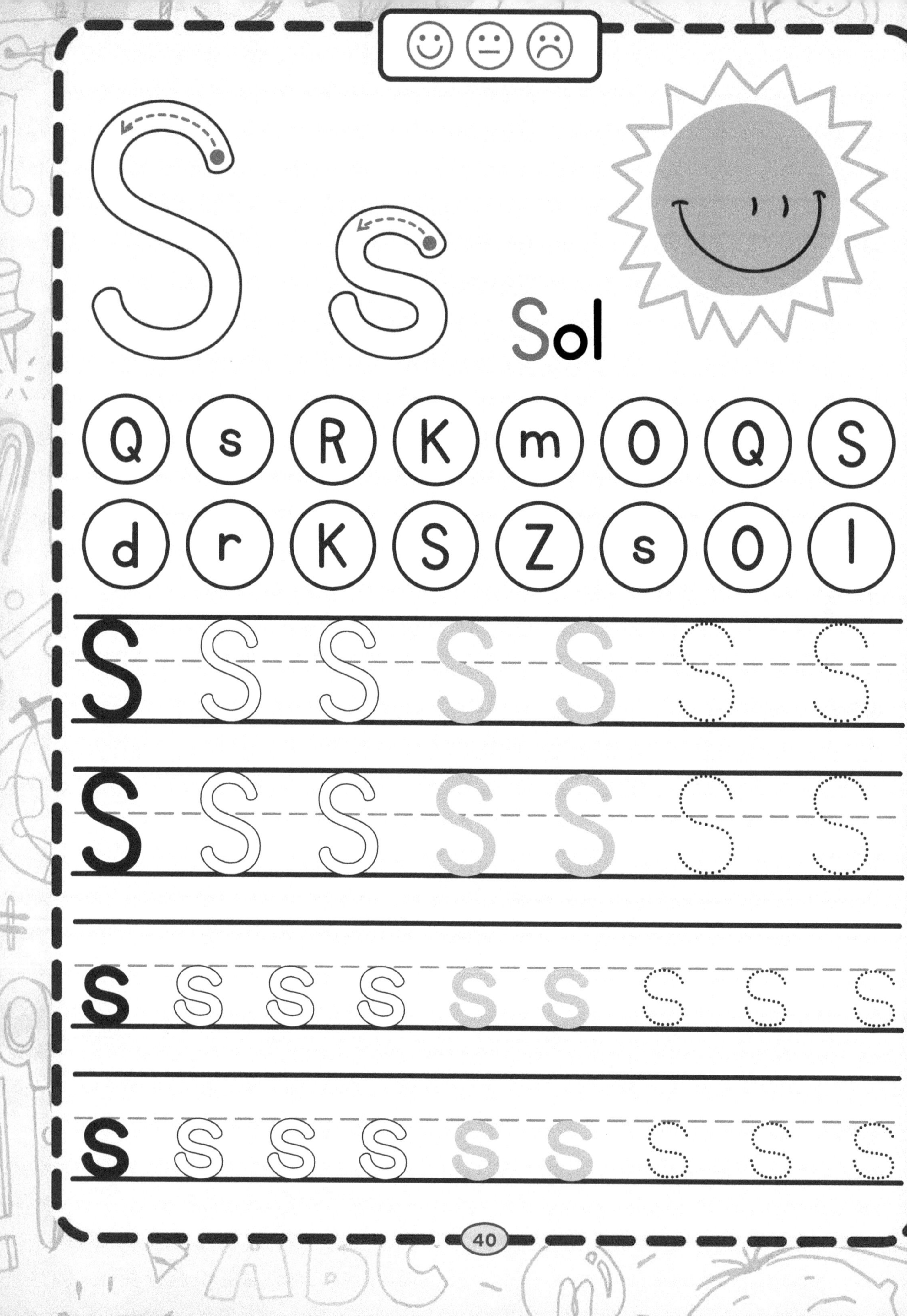
S s
Sol
Q s R K m O Q S
d r K S Z s O l
S S S S S S S
S S S S S S S
s s s s s s s s s
s s s s s s s s s

S
S
S
S
s
s
s
s

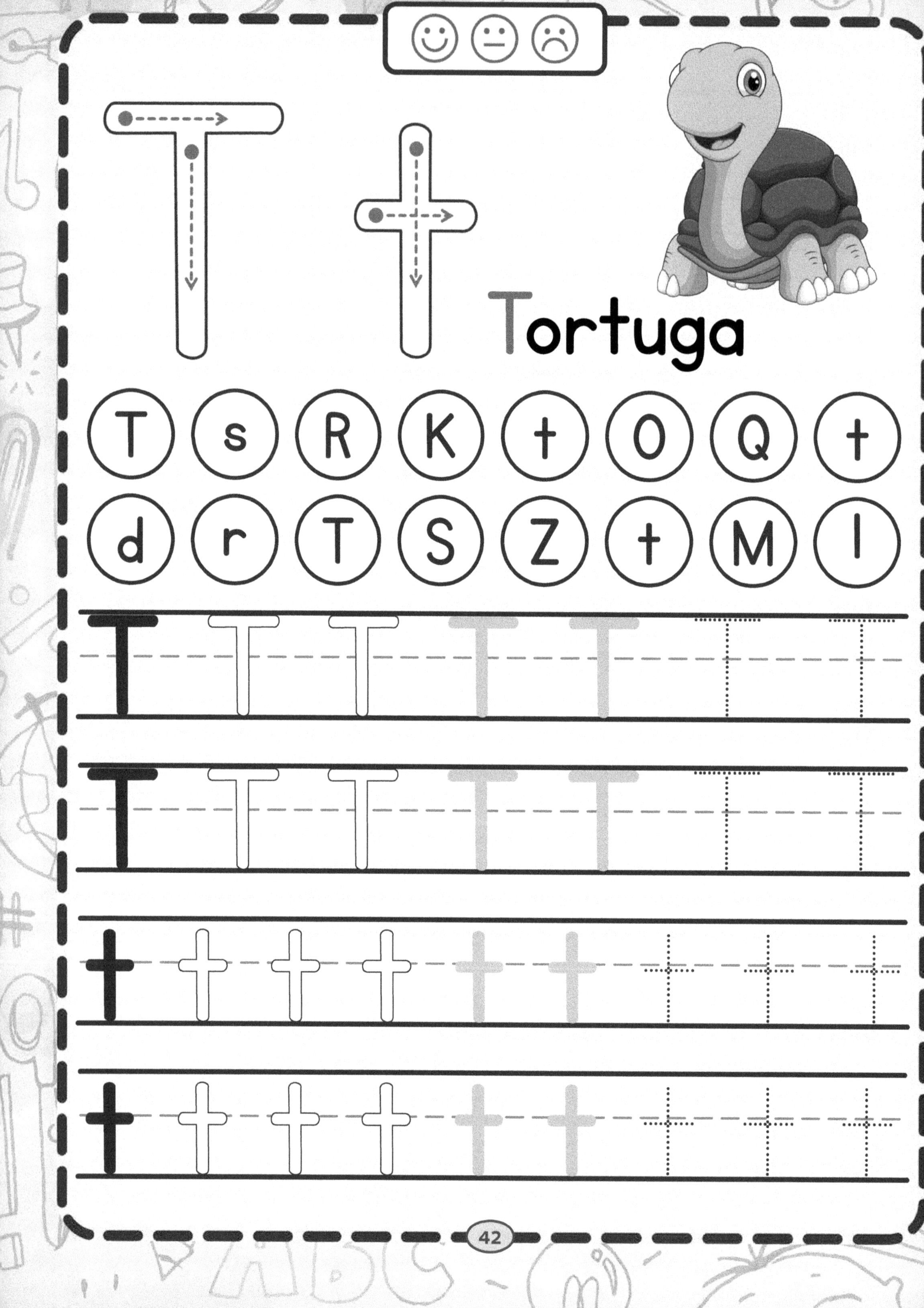
T t
Tortuga
T s R K t O Q t
d r T S Z t M l

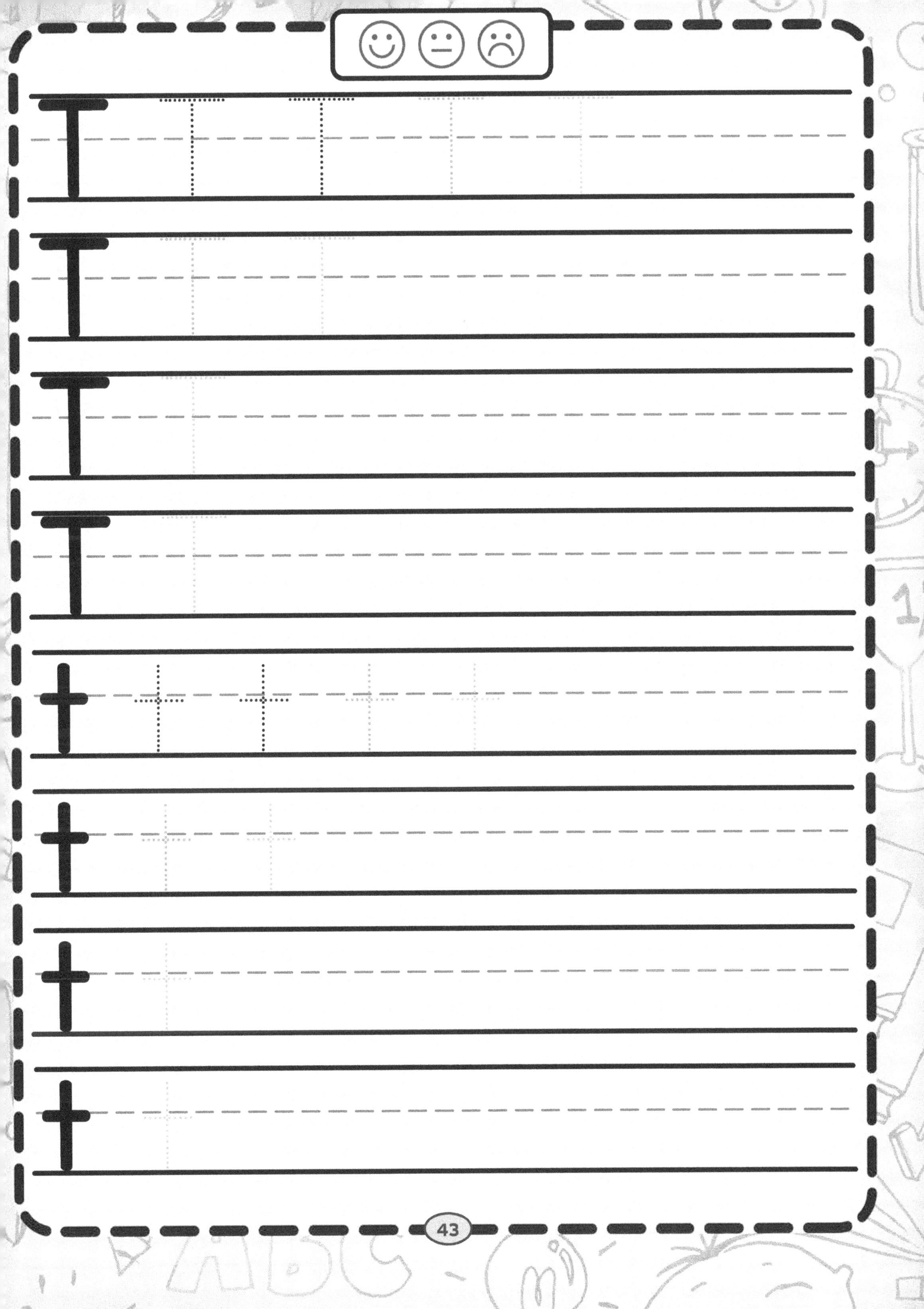

U u
Uvas
D s U K k O Q u
d u W S Z t U l
U U U U U U U
U U U U U U U
u u u u u u u u
u u u u u u u u

U
U
U
U
u
u
u
u

V v
Vaca
D v a V k O V u
V u W S Z v M s

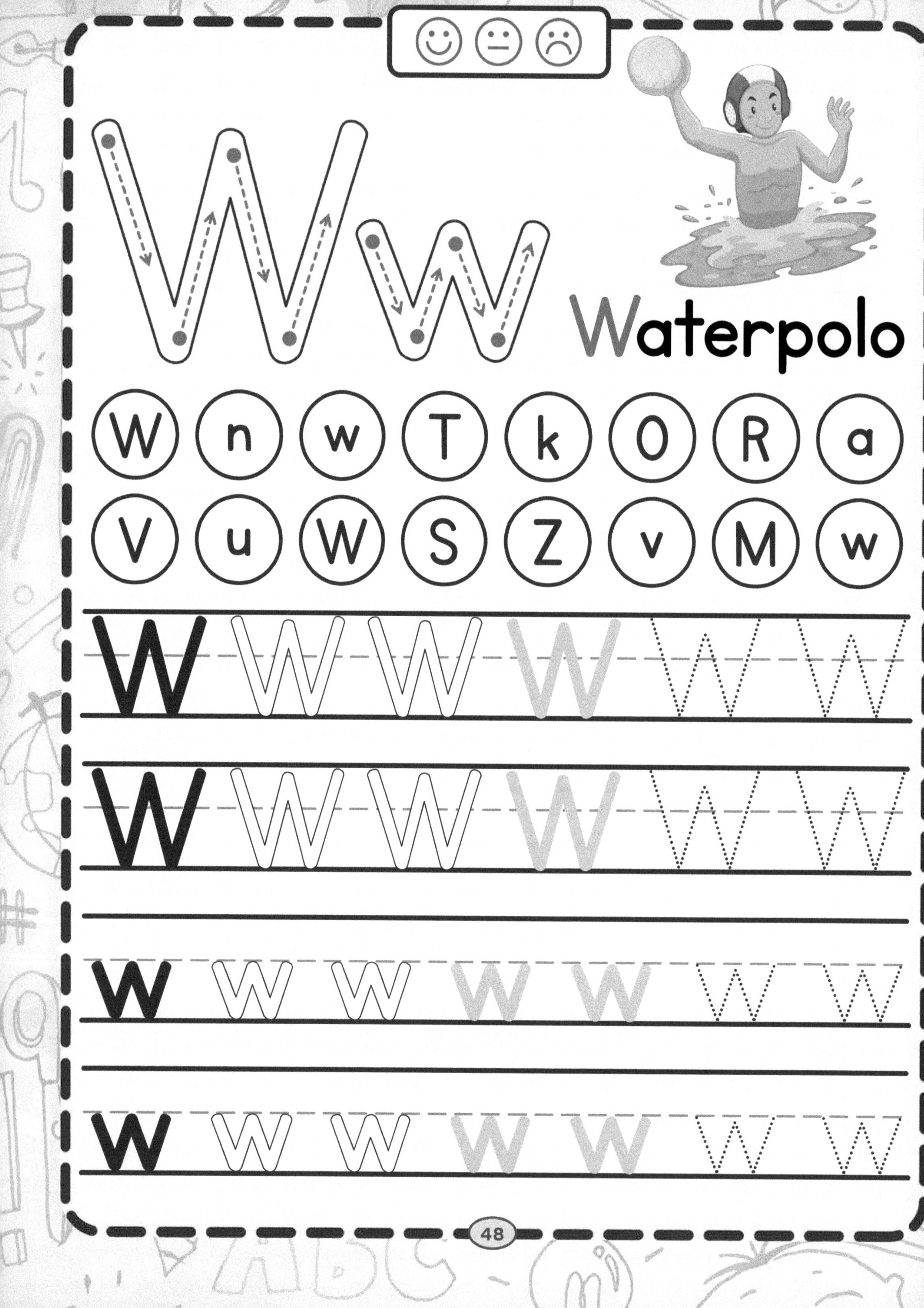

Ww
Waterpolo
W n w T k O R a
V u W S Z v M w

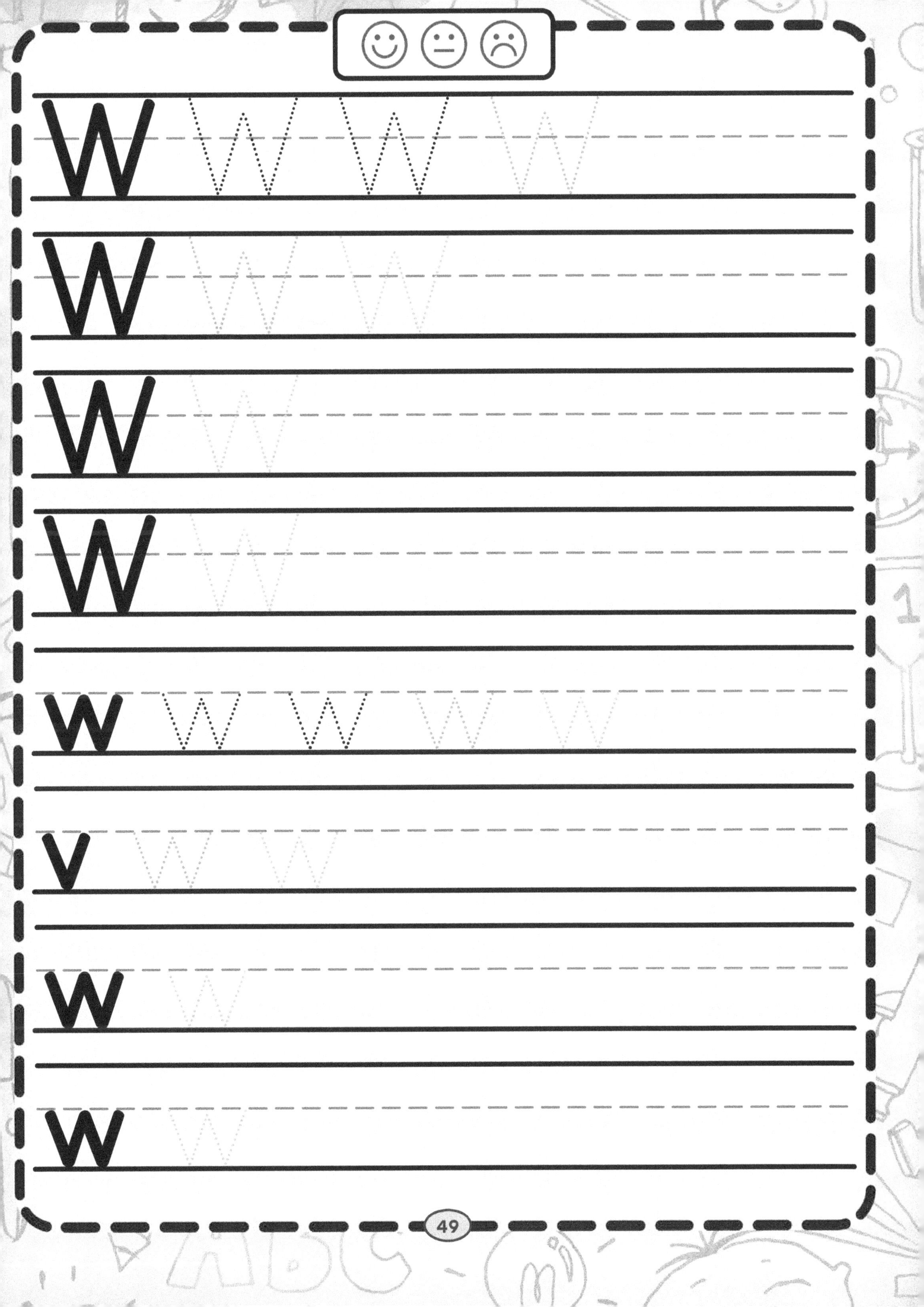

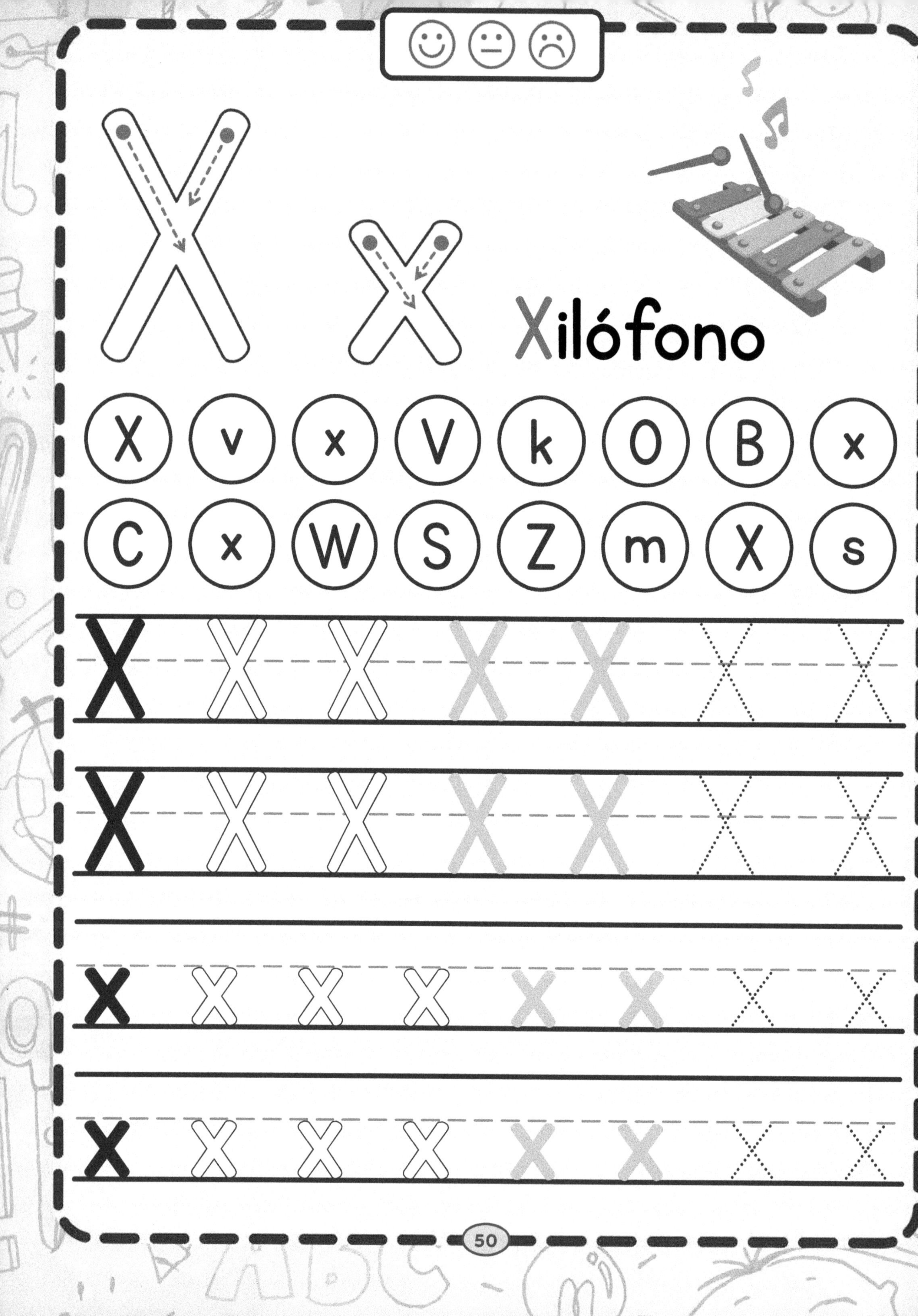
X x
Xilófono
X v x V k O B x
C x W S Z m X s

X
X
X
X
x
x
x
x

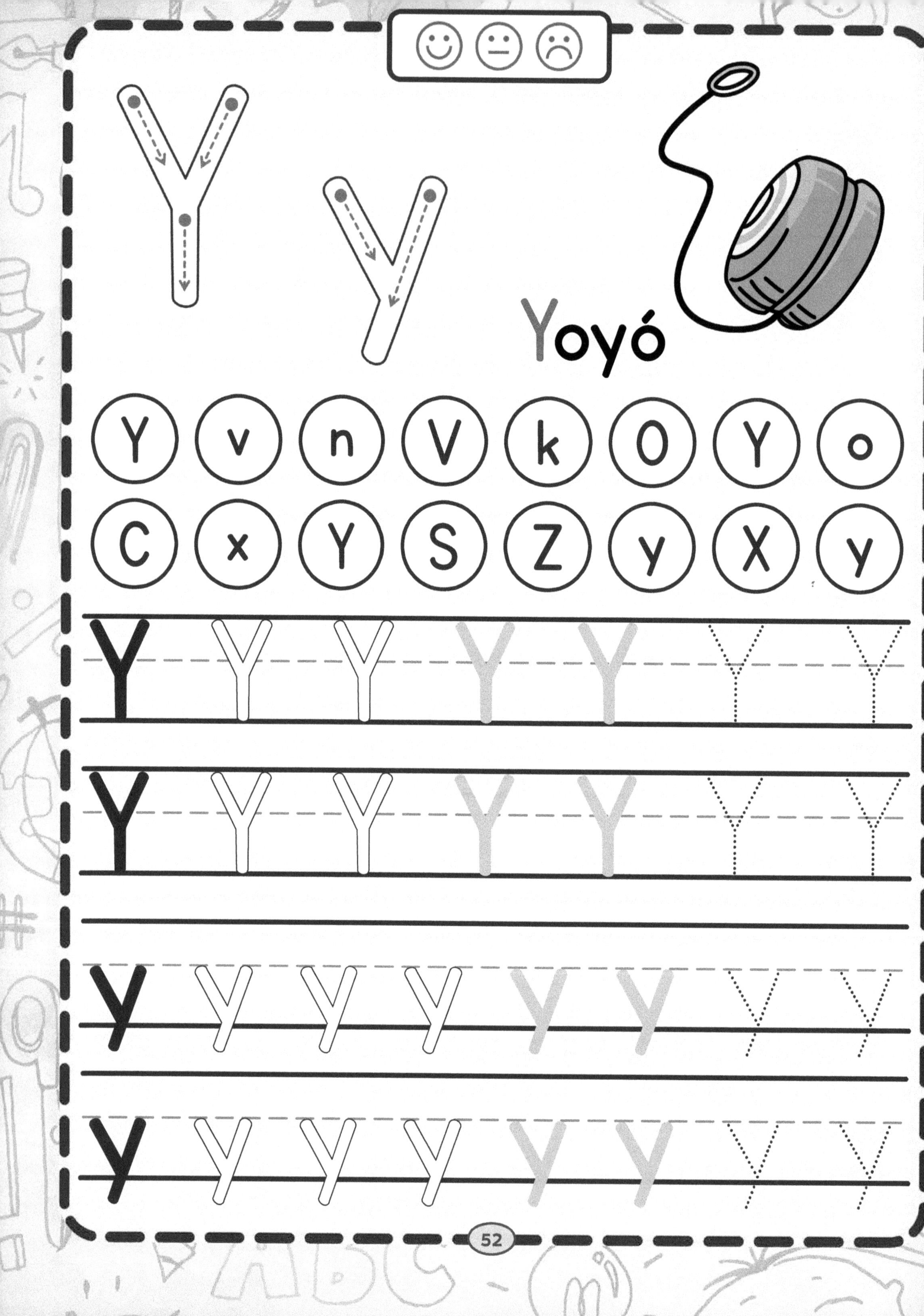
Y y
Yoyó
Y v n V k O Y o
C x Y S Z y X y

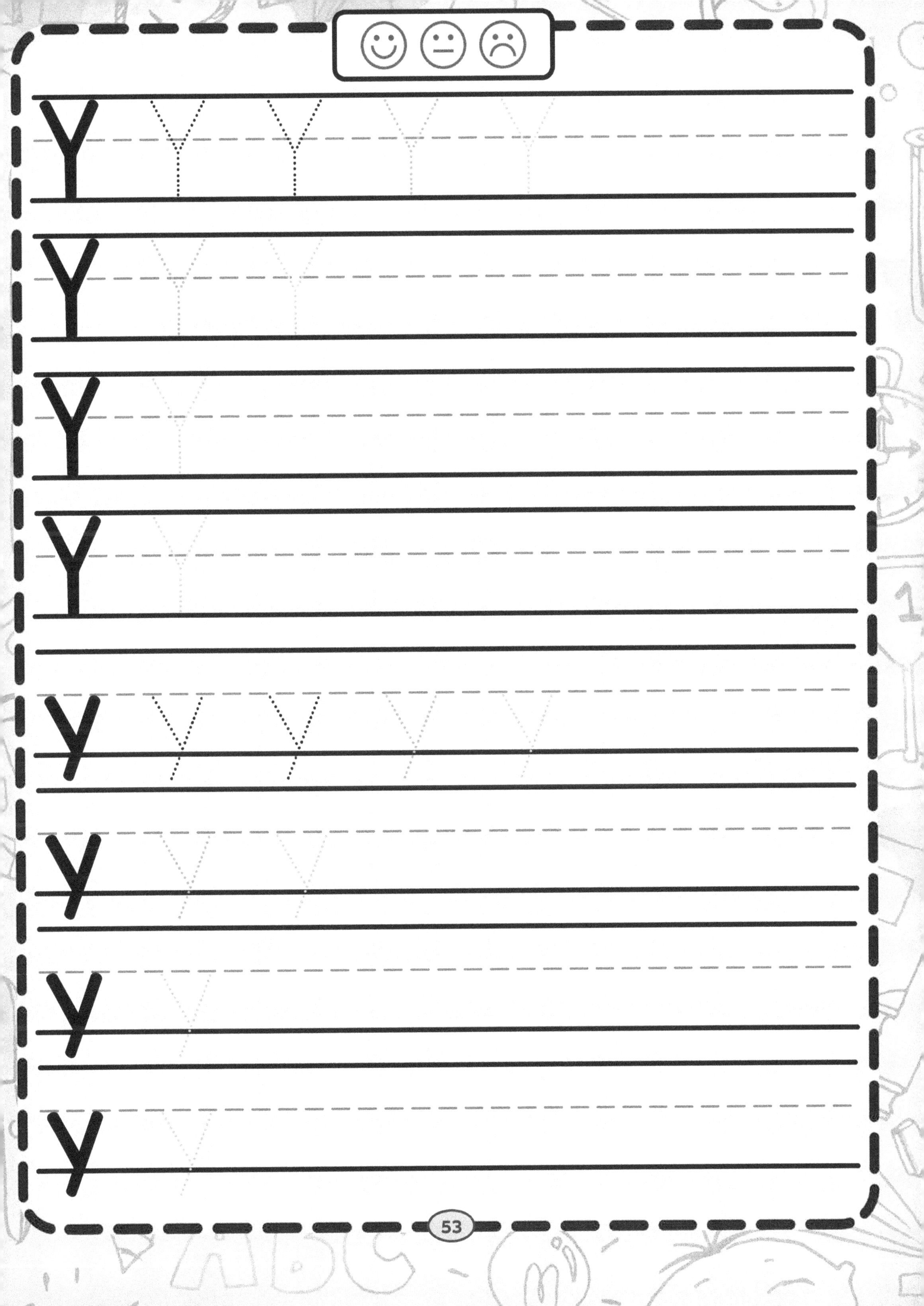
Y
Y
Y
Y
y
y
y
y

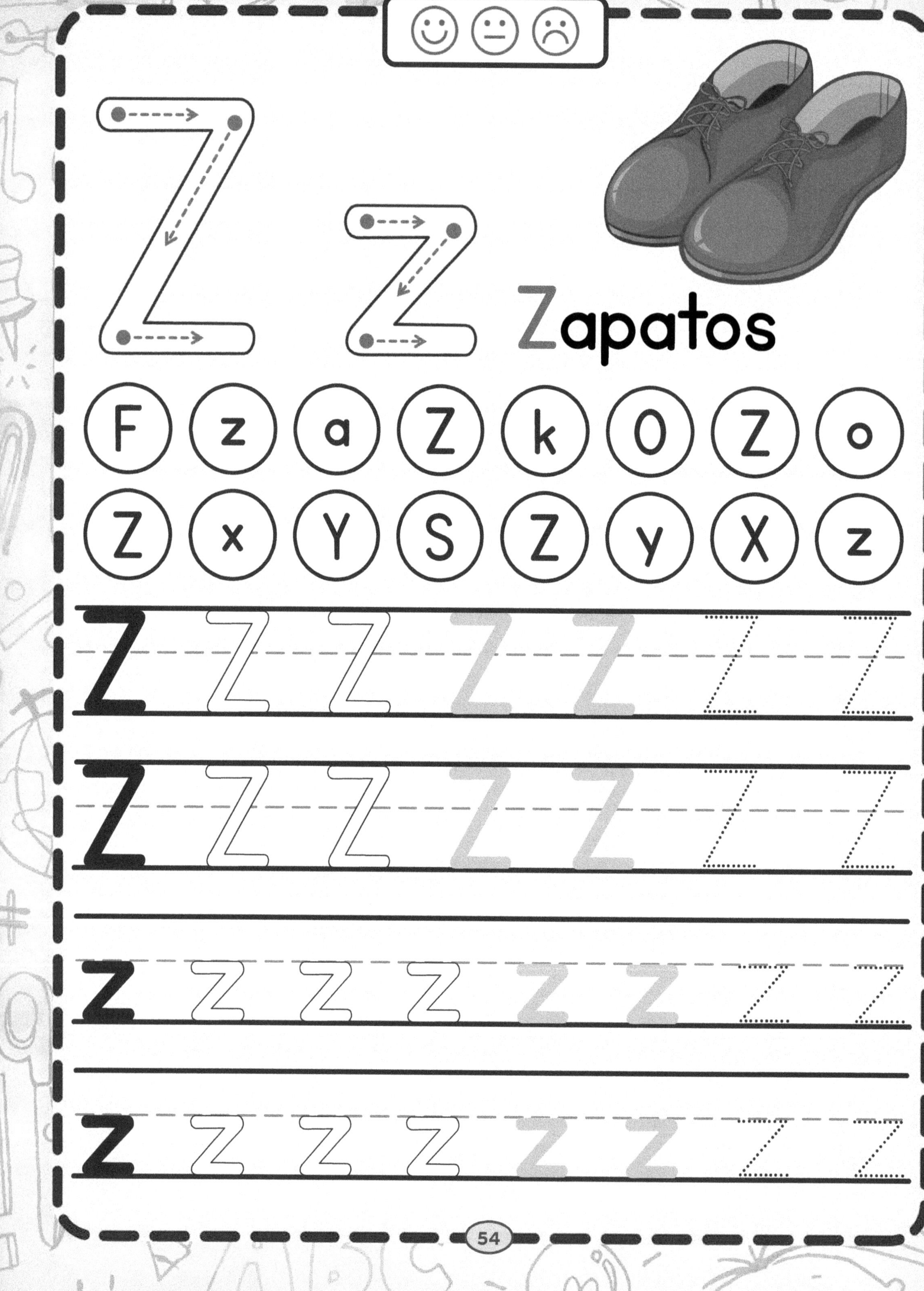
Z z Zapatos
F z a Z k O Z o
Z x Y S Z y X z

Z
Z
Z
Z
z
z
z
z

①

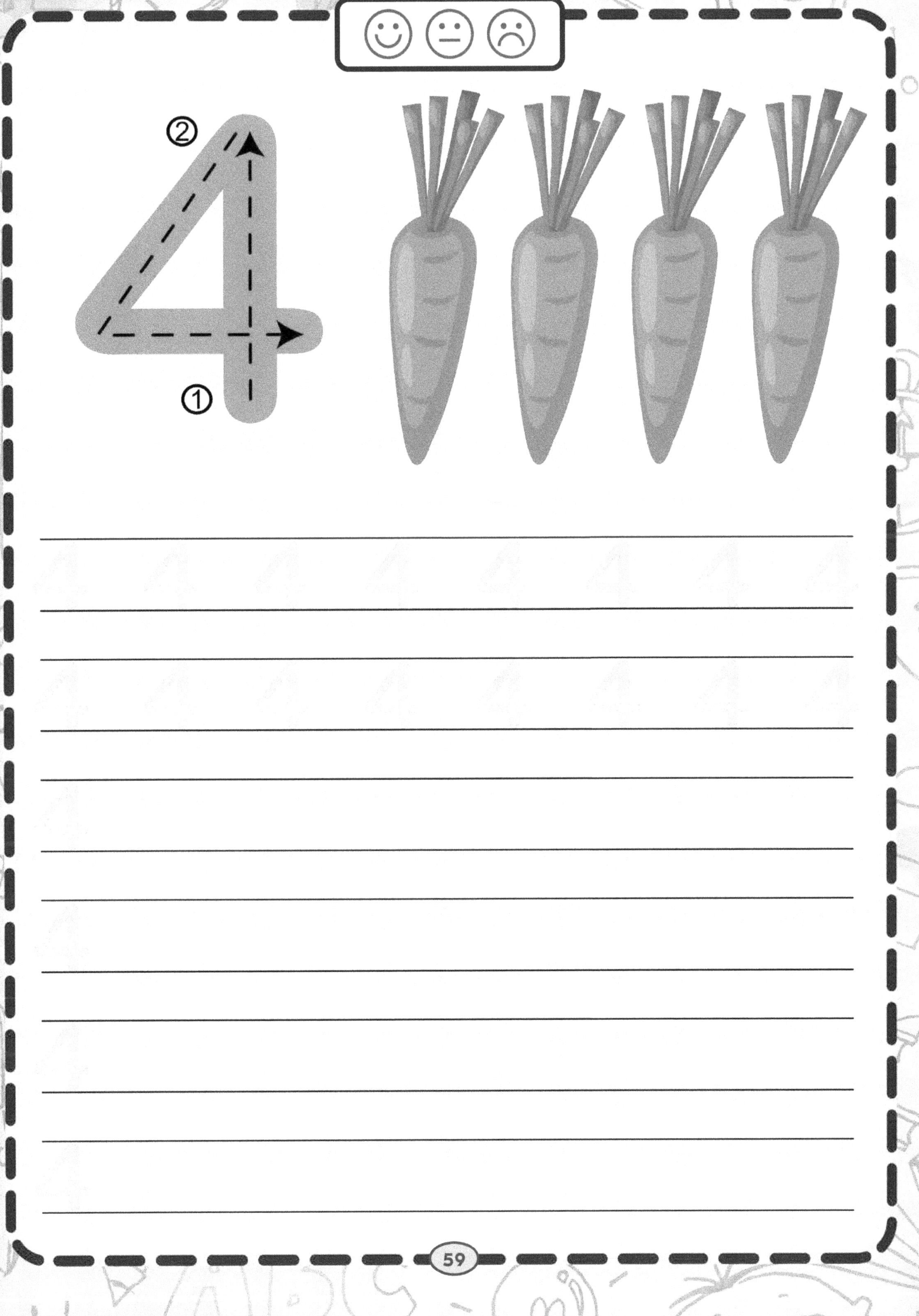
4

6
①

①
7

①

9
1
9 9 9 9 9 9 9 9
9 9 9 9 9 9 9 9
9
9
9
9

www.ingramcontent.com/pod-product-compliance
Ingram Content Group UK Ltd.
Pitfield, Milton Keynes, MK11 3LW, UK
UKHW061706190726
13853UKWH00008B/2423